Minimalismo

Guía Para Crear Una Vida Minimalista En 30 Días, Despeja Tu Mente, Tu Casa Y Tus Emociones

Por

Beatrice Anahata

© **Copyright 2019 por Beatrice Anahata - Todos los derechos reservados.**

Este documento está orientado a proporcionar información exacta y confiable con respecto al tema y el tema cubierto. La publicación se vende con la idea de que el editor no está obligado a prestar servicios contables, permitidos oficialmente o de otra manera calificados. Si el asesoramiento es necesario, legal o profesional, se debe ordenar a un individuo practicado en la profesión.

De una Declaración de Principios que fue aceptada y aprobada igualmente por un Comité de la Asociación Americana de Abogados y un Comité de Editores y Asociaciones.

De ninguna manera es legal reproducir, duplicar o transmitir ninguna parte de este documento en forma electrónica o impresa. La grabación de esta publicación está estrictamente prohibida y no se permite el almacenamiento de este documento a menos que tenga un permiso por escrito del editor. Todos los derechos reservados.

La información proporcionada en este documento se declara veraz y coherente, ya que cualquier responsabilidad, en términos de falta de atención o de otro tipo, por el uso o abuso de cualquier política, proceso o dirección contenida en este documento es responsabilidad solitaria y absoluta del lector receptor.

Bajo ninguna circunstancia se tendrá responsabilidad legal o culpa alguna contra el editor por cualquier reparación, daño o pérdida monetaria debido a la información aquí contenida, ya sea directa o indirectamente.

Los autores respectivos son dueños de todos los derechos de autor que no posee el editor.

La información aquí contenida se ofrece únicamente con fines informativos, y es universal como tal. La presentación de la información es sin contrato ni ningún tipo de garantía.

Las marcas comerciales que se utilizan no tienen ningún consentimiento, y la publicación de la marca comercial no tiene permiso ni respaldo del propietario de la marca comercial. Todas las marcas comerciales y marcas de este libro son solo para fines de aclaración y son propiedad de los propios propietarios, no están afiliados a este documento.

Tabla de Contenidos

Capítulo 1: Minimalismo 6

    ¿Qué es el verdadero minimalismo? 7

    ¿Cómo se beneficia? 7

    Ir al grano 12

    Treinta días para prepararse 14

    ¿Tienes que deshacer te de todo? 23

    ¿Puedes volver a comprar? 24

    ¿Dónde está la alegría en todo esto? 25

Capítulo 2: Días 1 a 10 27

    Día 1 27

    Día 2 29

    Día 3 31

    Día 4 33

    Día 5 35

    Día 6 36

    Día 7 39

    Día 8 40

    Día 9 42

    Día 10 43

Capítulo 3: Días 11 a 20 46

    Día 11 47

    Día 12 49

    Día 13 50

    Día 14 53

    Día 15 54

    Día 16 56

    Día 17 57

    Día 18 59

    Día 19 60

    Día 20 62

Capítulo 4: Días 21 a 30 64

    Día 21 64

    Día 22 66

    Día 23 67

    Día 24 69

    Día 25 70

    Día 26 71

    Día 27 72

    Día 28 74

    Día 29 75

    Día 30 76

Capítulo 1: Minimalismo

El verdadero minimalismo es muy diferente de lo que se ve en los medios de comunicación convencionales. Muchas personas están llevando estilos de vida "minimalistas" al extremo, eliminando todo lo que tienen de la imagen y viviendo con casi nada. En realidad, esto es a menudo una representación delirante de lo que realmente es el minimalismo. Estos escenarios a menudo llaman la atención por su valor de choque, y llevan a la gente a creer que un estilo de vida minimalista significa que usted vive una vida de falta y lucha. Después de todo, ¿cuán alegre puedes ser cuando no tienes nada que satisfacer tus necesidades diarias?

Si quieres ser un verdadero minimalista, primero debes entender exactamente qué es el minimalismo y lo que no lo es. Para hacerlo muy simple: el minimalismo significa llevar una vida por la que solo uses lo que necesitas de forma regular. Cualquier cosa y todo lo demás que ya no te sirve o te trae alegría es desechado o regalado, liberando así espacio en tu entorno físico, así como en tu psicológico. Para entender esta descripción en un nivel más profundo, exploraremos más a fondo el concepto de minimalismo.

¿Qué es el verdadero minimalismo?

Ser un verdadero minimalista significa que llevas una vida en la que ya no te aferras a cosas que ya no te sirven. Cuando miras alrededor de tu casa, ya no ves el desorden porque todo tiene un propósito y se usa regularmente. Cualquier cosa que ya no tenga un propósito se elimina de su vida, ya sea a través de la basura, la donación o las ventas. Ya no te pasas la vida recogiendo y acumulando "tesoros" en tu casa. En su lugar, vives libre del estilo de vida consumismo. Tu vida no se gasta en adquirir más cosas; se gasta disfrutando de la vida y haciendo lo que quieres cuando quieres, libre de cargas físicas. Liberas apegos emocionales a los objetos, y encuentras paz en la vida misma, en lugar de en objetos que demuestran ser obsoletos con el tiempo.

¿Cómo se beneficia?

Hay muchos beneficios importantes que surgen de vivir la vida como un minimalista. En primer lugar, cuando elimina el desorden innecesario de su hogar, tiene una acción altamente terapéutica en su mente. En este momento, mira alrededor de la habitación y observa cinco artículos diferentes que considerarías desordenados. Tómate un momento y piensa realmente en lo que estos objetos significan para ti. ¿Ya te traen alegría o felicidad? O, ¿simplemente te afierras a ellos porque estás demasiado orgulloso o demasiado perezoso para dejarlos ir, así que no haces nada en su lugar? El desorden que guardamos en nuestras casas nunca viene sin consecuencias. A menudo nos sentimos culpables por estos artículos. Es posible que tengamos remordimientos o culpas del comprador por no vivir bajo las circunstancias que una vez hicimos cuando el artículo entró en nuestra casa. Es posible que tengamos resentimiento hacia el tema por convertirnos siempre en una fuente de desorden y estrés, en lugar de simplemente desaparecer y dejar de estar presentes para causar este estrés. Deseamos que el artículo desaparezca porque la carga de tener que deshacerse de él significa que tendríamos que enfrentar emociones que no queremos enfrentar: culpa, desesperación y otras emociones difíciles. Sin embargo, cuando nos deshacemos de estos objetos, eliminamos estas emociones por completo.

Aparte de los beneficios emocionales y psicológicos de eliminar el desorden de nuestras vidas, también hay otros beneficios. Por ejemplo, cuando tiene menos pertenencias, resulta más fácil mantenerlas. Ya no pasas toda tu vida limpiando el desorden, porque el desorden deja de existir en tu vida. Todo lo que posees tiene un propósito, y tiene su lugar para ser almacenado para que nunca estorbe. Hace la vida significativamente más fácil. Además, ya no tienes que pasar toda tu vida trabajando incansablemente para comprar cosas nuevas y mantener las cosas existentes. Usted no tiene gastos relacionados con la fijación de objetos rotos o la adquisición de nuevos, por lo que simplemente tiene que hacer lo suficiente para permitirse el lujo de vivir su vida cotidiana. Eres libre de hacer lo que quieras con tu tiempo libre, sin miedo a dejar atrás una casa llena de objetos que no sirven más que para atarte y llenar tu vida de estrés y miseria. Puede viajar, moverse y hacer prácticamente cualquier cosa que desee hacer sin ningún apego a las pertenencias que posee. Case, el viaje de treinta días hacia la adopción de un estilo de vida minimalista libre de desorden comienza con el paso más crucial de decidir llevar a cabo el cambio de imagen de estilo de vida más definitivo de la historia.

Para muchos, un estilo de vida minimalista denota un aguilucho de vuelta a los tiempos de nuestros ancestros cavernícolas con poco o ningún acceso a todas las comodidades modernas que hacen que la vida valga la pena vivir. Sin embargo, los que entienden las implicaciones reales de un estilo de vida minimalista se dan cuenta de que su premisa básica es que tienes un exceso de lo que necesitas para llevar una vida feliz y satisfactoria y anhelando descuidadamente después de lo que no tienes y no necesitas, invitas ansiedad e infelicidad innecesarias.

Antes de que incluso comience a dar pasos concretos hacia la adopción de un estilo de vida minimalista, debe tener una comprensión clara de lo que no es. No significa necesariamente dar la espalda a cada semblanza de la forma de vida moderna. Puedes llevar una vida libre de desorden sin tener que hacer sacrificios aparentemente espantosos.

Sin embargo, necesitas cambiar radicalmente tu mentalidad en la medida en que empiezas a valorarte por encima de las cosas materiales, la adquisición de las cuales hasta ahora habías hecho la razón de ser de tu existencia. Puede hacerlo al pensar en los beneficios de llevar una vida minimalista libre de desorden-

El despejar te libera

Una vez que comience a deshacerse del número sustancial de posesiones materiales que ha estado abarrotando en varias partes de su hogar, se sentirá mucho más ligero y más libre. Para uno habrá más espacio en tu hogar, permitiéndote una mayor libertad, tanto en términos de poder moverte más fácilmente y ya no tener que ocuparte de tantas cosas.

El sentido de la libertad no sólo será físico, sino también mental, ya que estarás libre del equipaje del pasado, lo que te permitirá centrarte en lo que te importa ahora. Por poner un ejemplo extremo, si aún acaparas los juguetes con los que jugaste cuando eras niño, ¿no te sentirías mucho mejor si los regalas a los hijos de alguien que podría necesitarlos? ¡Es poco probable que vuelvas a usar esos juguetes!

Le ayuda a encontrar el enfoque

Tener demasiadas posesiones aburre tu enfoque. Por un lado, toda la propiedad necesita ser atendidos, y en muchos casos donde usted ha comprado cosas a crédito, hay el estrés adicional de tener que pagar por ella. ¿No es mucho mejor deshacerse de las facturas de un solo golpe y en su lugar centrarse en las cosas más importantes en la vida como construir relaciones? En lugar de pagar la cuota mensual para el lujoso auto deportivo, tal vez podría usar el dinero para la educación de sus hijos.

Ahorre dinero para las cosas importantes de la vida

En lugar de derrocar una posesión que no añade valor real a tu vida, vivir una vida con menos gastos podrías hacer dos cosas al mismo tiempo. Uno reduce su dependencia del dinero, y dos, deshacerse de la deuda de la sociedad estadounidense.

Imagina una vida en la que gastes todo lo que sea necesario para salir adelante y no pasar la mayor parte de tus horas de vida tratando de hacer lo suficiente para financiar tu estilo de vida despilfarrador. ¿Qué sentido tiene eso?

Vives mejor

Un estilo de vida minimalista exige muy poco su tiempo, y la sensación de libertad y ligereza que le proporciona le hace más saludable. Por lo tanto, se llega a vivir una vida contenta, precisamente la forma en que quiere ser.

Por ejemplo, usted puede estar viviendo una vida minimalista con el mínimo de posesiones, una carga de trabajo relativamente pequeña y un montón de tiempo para pasar con su familia. La cosa acerca de este estilo de vida es que es una opción basada en uno. Puedes hacer tu vida tan minimalista como quieras. No hay coacción involucrada.

Lo importante es que con todo el desorden físico y mental perdido de tu vida, disfrutarás de una mejor salud y tendrás más energía para vivir tu vida al máximo. Es precisamente por esta razón que el minimalismo está creciendo en popularidad cada día. Cada vez más personas se dan cuenta de que esta forma de vivir es la mejor. Le permite vivir la vida de la manera en que está destinado a ser de la manera más simple pero increíblemente eficaz. Te muestra un nuevo paradigma de hacer tu existencia diaria, la correcta.

Ir al grano

Adoptar un estilo de vida minimalista es definitivamente un salto de fe, pero si usted ha decidido que tiene sentido para usted tener uno, nada se puede ganar por o posponer lo inevitable. Sin embargo, puedes hacer esto es una manera que te hace sentir cómodo, ya que toda la idea detrás de llevar una vida minimalista es eliminar el estrés y no crearla.

Lo que puedes hacer para sentirte mejor con todo el proceso es hacerlo en conjunto con otros que se inclinan a adoptar el estilo de vida minimalista y libre de desorden. Podría ser miembros cercanos o incluso distantes de su familia, amigos y colegas. Podrías reunirte y comenzar un concurso de treinta días sobre quién se deshace de la mayor cantidad de desorden en el día a día durante un período de treinta días, al final del cual se puede decidir un ganador sobre la base de quién es más exitoso en deshacerse de la mayoría de las cosas.

El juego podría fácilmente hacerse más interesante haciendo que la tasa de deshacerse de las posesiones no deseadas sea progresiva. Por ejemplo, el primer día que podría comenzar con un artículo, el segundo día con dos cosas, el tercer día con tres artículos y así sucesivamente hasta el trigésimo día cuando cada uno de ustedes tendrá que deshacerse de un total de treinta artículos!

Como se puede imaginar el juego podría ser bastante fácil inicialmente, pero pronto se volverá cada vez más difícil de jugar. Piense en lo que puede deshacerse de, ropa, muebles, piezas de decoración, equipos electrónicos, utensilios de cocina, libros antiguos, calzado, botellas, latas y mucho más. Podrías donar, vender o tirar las cosas adicionales que se encuentran en casa, pero la idea es mantener el horario.

A medida que avanzas a través de los días, te darás cuenta de cuántas cosas innecesarias habías estado sosteniendo y cómo con cada disposición de alguna manera te sientes un poco más ligero y más libre. Habrá entre vosotros quienes serán muy repugnantes para soltar algunas de las cosas, pero eventualmente verán la sabiduría para eliminar el pasado de madera muerta. Algunos de ustedes no podrán soportar la sensación de pérdida o separación y pueden abandonar el concurso, mucho antes de que llegue a una conclusión.

Para cuando llegues al final de treinta días, probablemente no sólo te habrás acostumbrado a vivir con muchas menos posesiones que antes, sino que en realidad has visto que no era tan difícil como habías imaginado que sería. No sólo que habrías comenzado a experimentar los beneficios de llevar una vida minimalista. Si alguno de tus compañeros también lo hace, te sentirás entusiasmado con su compañía y si no lo han hecho, puedes agradecerles por darle su mejor oportunidad y ayudarte en tu viaje hacia un nuevo estilo de vida más satisfactorio. Por lo que sabes, podrían reconsiderar su decisión de abandonar el campo y regresar al redil algún día.

El despejar su vida, por supuesto, es mucho más que deshacerse de algunas posesiones extrañas. Tiene mucho más para deshacerse de todo el paradigma del enfoque avaro- materialista-perenne-crecimiento de la vida. Un enfoque que te haría perseguir para siempre la quimera del éxito mundano sin permitir te detengas para reflexionar sobre lo que realmente quieres de la vida.

Treinta días para prepararse

Un estilo de vida minimalista no se trata sólo de deshacerse de las posesiones materiales. Tiene que ver mucho más con dejar ir mentalmente su apego a un estilo de vida completamente materialista. Lo más probable es que le resulte más difícil manejar el segundo en lugar del primero, especialmente en los primeros treinta días de su intento de cambio de imagen. Es por eso que tendrá que someterse a este proceso un día a la vez. A continuación, se muestra un plan de acción de treinta días que le permite probar las aguas y facilitar en un estilo de vida minimalista libre de desorden

1. no vayas a internet- Hemos empezado a vivir nuestras vidas más en el mundo virtual que en el mundo real gracias a la revolución tecnológica. Si es posible, esto ha hecho que nuestras vidas estén aún más desconectadas con lo que es verdaderamente importante para nosotros. El término realidad virtual es un sorteo en el que no es real. ¿Cómo puede algo que no es real, proporcionarnos una felicidad duradera?

Trate de desconectarse por completo por un día y tener una sensación de un tipo diferente de libertad, donde no se le bombardea con información sobre los efectos en los rincones más lejanos del mundo materialista. ¿Tampoco sientes la presión de mantenerte al día con tus cientos posiblemente miles de amigos de Facebook que realmente no deberían significar nada para ti?

En su lugar, podrías intentar reunirte con tus verdaderos amigos que sabes que siempre te apoyarían. ¡Concéntrate en disfrutar de la comida que estás comiendo, en lugar de tomarla con tu smartphone y publicar una foto para que te guste en las redes sociales!

2. Reducir su dependencia digital- Ahora que tiene una idea justa sobre las ventajas de pasar más de su tiempo en el mundo real que en el digital seguir adelante y reducir su dependencia de este último. Uno se da cuenta de que es posible que no pueda salir inmediatamente de la red, pero puede restringir su acceso a ella.

Puede hacerlo comprobando sus correos electrónicos, mensajes de texto y mensajes de redes sociales solo una vez al día. Detenga simultáneamente la publicación en las redes sociales, si no desactiva las cuentas. No guardes varios dispositivos que te mantengan conectado a Internet. En lugar de hacer la mayoría de tus compras en línea, comienza a visitar tiendas. Esto no sólo le permitirá ver y sentir, lo que está comprando, sino también interactuar y conectar se con el personal de ventas. Salir de la perniciosa torre de marfil digital hará de tu cuerpo y alma un mundo de bien.

3. haga meditación- Para que usted pueda alejarse de las atracciones de un mundo materialista, usted necesita ser capaz de conectar con sus propios pensamientos y sentimientos más íntimos y averiguar lo que realmente desea. Una forma profunda de hacerlo es tomando la meditación.

Se ha declarado repetidamente, y científicamente probado que la meditación tiene inmensos beneficios para la salud física y mental. Al calmarte, detiene el flujo de un montón de pensamientos extraños y adversos que pasan por tu mente y te permite tener una claridad rara sobre lo que realmente te importa. Esto le ayudará a entender cómo un estilo de vida minimalista le pone firmemente en el camino permanente hacia la paz, la tranquilidad y el progreso real.

4. Renunciar a cribbing- Todos hemos sido alimentados con una dieta constante para luchar por más de lo que tenemos y, de hecho, necesitamos. Lo que esto hace es programas para cunar y estar insatisfechos con lo que tenemos. ¿Qué tan enfermo es eso?

Tenemos que dejar de garabatear incesantemente y estar agradecidos por el gran don de la vida y apreciar cada momento de la misma. Terminar la necesidad de cuna no siempre es tan fácil como podría parecer, ya que estamos tan acostumbrados a exigir más y más y más. Una vez que salgas de este hábito, comenzarás a darte cuenta de lo verdaderamente bendecido que ya eres y en lugar de garabatear aprenderás a saborear lo que tienes.

5. *Tome* la lectura- La lectura ha tomado un asiento trasero en los tiempos de hoy en día lo que con innumerables opciones de entretenimiento disponibles en línea. Nada ejemplifica un estilo de vida minimalista mejor que leer. No hay nada ostentoso en la lectura, sin embargo, hay una gran cantidad de conocimientos que se adquieren aquí.

Pasa tiempo aprendiendo la sabiduría del mundo leyendo en lugar de derrocar tu riqueza en aparatos y artilugios que probablemente no usarás la mitad del tiempo. La lectura, por otro lado, es barata, pero puede mantenerte absorto durante horas. Aunque es posible que no puedas seguir el día con los Jones al disfrutar de esta actividad, pero entonces tendrás que hacerlo porque te habrías encontrado.

6. *Priorizar*- Tómate un día entero para averiguar lo que quieres lograr realmente en la vida. ¿Es la búsqueda

descuidada de una meta material tras otra o está haciendo lo mejor para su familia al asegurarse de que llevan una vida feliz, contenta y saludable?

Tienes que elegir entre anhelar incesantemente las metas materialistas que no añaden valor a tu vida o elegir un estilo de vida que te permita vivir tu vida a un nivel más profundo. ¿Quieres estar atormentado por enfermedades del estilo de vida o prefieres vivir una vida sencilla y robusta?

7. Hacer los compromisos correctos- Los compromisos que usted hace en la vida determinan cuánto está en sintonía con un estilo de vida minimalista. Si usted está comprometido a asistir a una fiesta cada fin de semana, puede olvidarse de adoptarlo. Por otro lado, si la reducción de la huella de carbono pesa sobre su mente, usted está en el camino correcto, en lo que respecta a la adopción de un estilo de vida minimalista.

8. Hacer un nuevo comienzo en las mañanas- A pesar de que un estilo de vida minimalista se trata de descomplicar su vida, requiere que usted introduzca un mínimo de disciplina a su vida. Comenzar tus mañanas con un ritual vigorizante como un paseo rápido, yoga o ir a correr te ayudaría a enfocar tus pensamientos y canalizar tu energía en una dirección positiva y fructífera.

9. Comer sensatamente- Alguien ha dicho con razón que somos lo que comemos y un estilo de vida minimalista le haría comer comidas simples y sensatas. No se espera que te deshagas de enfermedades de estilo de vida que inducen alimentos procesados, con alto contenido de azúcar y grasa.

Alimentos simples y nutritivos como cereales integrales, frutas y verduras frescas y pescado te mantendrán saludable y en forma. Además, no acabarás gastando una fortuna en ellos

10. Aprende a disfrutar de la soledad- Nadie te conoce mejor que tú. Pasa tiempo contigo mismo en soledad, y descubrirás que se necesita muy poco para ser feliz.

11. Dejar de desperdiciar- Nuestro estilo de vida consumismo moderno genera una cantidad terrible de alimentos desechados por desperdicios, botellas vacías, ropa que compramos y nunca usamos, basura electrónica y así sucesivamente. Tienes que empezar a optar por no participar y el momento es ahora.

12. Utilizar el transporte público- Ese hecho de que la mayoría de nosotros va en nuestros vehículos personales podría ser muy conveniente para nosotros, pero pone una tensión excesiva en los escasos recursos naturales del planeta. Además, nos hace perezosos y gordos.

Comience a usar el transporte público en su lugar. Tanto reducirá su huella de carbono y le hará en forma en que tendrá que caminar a la estación de autobús o metro.

13. Tienda sensatamente- Hay tantas ropas atractivas, joyas, accesorios, cosméticos, aparatos electrónicos y una gran cantidad de otros objetos de deseo que nos unen a un mundo de excesos. Liberarse comprando sensatamente sólo por lo que realmente necesita.

14. Planificar con anticipación- Vivir una vida minimalista es algo que tienes que comprometerte a largo plazo. Usted necesita planificar con anticipación para que sepa en qué se está metiendo exactamente y en qué es lo que está obligado a renunciar. Además, tendrás que aprender a vivir tu vida de maneras muy diferentes a las de antes.

15. Aprender a no comprar- La vida minimalista se trata de tener que comprar lo menos posible. La mayoría de nuestras necesidades se satisfacen fácilmente, y tenemos que salir del hábito de comprar algo o el otro todos los días. Detenga de comprar cualquier cosa en las próximas veinticuatro horas para prepararse para una nueva forma de vida.

16. multitarea- Salga del mal hábito de la multitarea. Lejos de lograr más, terminas perdiendo el foco en todo lo que ocupas simultáneamente. En su lugar, aprende a ser absorbido con una tarea a la vez y hazlo con toda sinceridad.

17. Empezar a llevar un diario de gratitud- Hay mucho por lo que estar agradecido en la vida, y una mejor práctica para lograr que es comenzar a llevar un diario de gratitud. Empiece a señalar los casos por los que debe expresar gratitud, y se dará cuenta de lo feliz que es.

18. Deja de complacer te en la nave de un solo hombre- La vida no se trata de mostrar a los demás que tú eres el jefe.

Esto puede obtener ganancias temporales en el mundo corporativo, pero te hacen profundamente infeliz por dentro. Abandona este mal hábito y sé bueno con los demás, para que sean buenos contigo.

19. Trabajar en la identificación y eliminación de los desencadenantes del estrés- Todos tenemos desencadenantes de estrés que nos impiden ser felices todo el tiempo. El estilo de vida minimalista te anima a entender tus desencadenantes de estrés y a trabajar para eliminarlos.

20. Pasar un día totalmente imprevisto- Mientras que la disciplina y seguir un horario diario establecido tiene sentido, puede haber un día reservado que es completamente imprevisto. Esto es en reconocimiento del hecho de que no somos máquinas o robots, sino seres humanos con libre albedrio. Vea cómo se desarrolla el día de las maneras más inesperadamente interesantes.

21. Renunciar a una meta - Hemos hecho nuestras vidas tan miserables en la búsqueda de tantas metas. Trate de renunciar a una meta y ver lo liberador que puede ser. Si no puedes entrar en un tamaño de vestido que hiciste fácilmente hace veinte años, acepta ese hecho y ponte algo que te convenga en su lugar.

22. Analizar sus últimas cinco compras- Estamos tan acostumbrados a abarrotar nuestras vidas con cosas inútiles que recogemos casi a diario que ni siquiera nos damos cuenta, cómo este fenómeno nos ha atrapado en este fenómeno interminable de comprar por el bien de

Comprar. Analiza tus compras de los últimos cinco días, y te sorprenderá la cantidad de ella innecesaria.

23. Recuperar su sueño- En nuestra búsqueda de éxito estamos dispuestos a sacrificar tanto, incluso una buena noche de sueño. Una vez que nos damos cuenta de que el viaje que estábamos siguiendo fue imprudente, podemos centrarnos en los mejores. Como seguir una rutina diaria que ejercita nuestro cuerpo y relaja nuestra mente lo suficiente como para hacernos dormir sin muchos problemas.

24. Ayudar a alguien- Tenemos que tomar un descanso del mundo desgarramiento de nuestro lugar de trabajo donde el interés propio dominó todo lo demás. La ciencia médica nos dice que esto es malo para nuestra salud. Trata de ayudar a alguien todos los días. Será traedor y más fuerte y más brillante sensación a medida que avanza.

25. Reconectar con la naturaleza- Somos los hijos de la naturaleza y nos rejuvenecemos en su seno. Sal de tu existencia artificial más a menudo. Comience con un viaje de un día a la orilla del lago o a una orilla del río. Recarga tus baterías convirtiéndote en parte de la naturaleza una vez más y no en su adversario.

26. Aprender a compartir- Nuestros recursos naturales son escasos. Aprende a compartirlas. Forma parte de un coche compartido y comparte tu viaje diario a la oficina y regresa con alguien.

27. Sea más social - Mantenga su teléfono inteligente en casa y trate de involucrar a la gente en conversaciones en lugares públicos en el centro comercial, el aeropuerto y el restaurante. Reconectar con personas reales.

28. *Deje de usar productos desechables-* Detenga su dependencia de cosas desechables. Botellas de agua, envases de alimentos, vasos de plástico, tejido desechable y mucho más que está haciendo que nuestro planeta sea tóxico.

29. *Reutilizar y reutilizar-* En lugar de usar y lanzar cosas, comience a usarlas y reutilizarlas. No beba agua de una taza de papel, use un vaso adecuado en su lugar. Comprador menos ropa y lavarla más a menudo. Usted puede comenzar a hacer estos cambios en su estilo de vida para ser capaz de adoptar sin problemas una forma de vida minimalista.

30. Renunciar a la *automatización-* La mayoría de los aparatos que usamos en casa en realidad están añadiendo nada a nuestras vidas y sólo nos hacen perezosos, gordos y mal. Trate de dejar de usar la lavadora, horno microondas, lavavajillas y aspiradora y haga la limpieza y lavado manualmente. Puede ser un trabajo desafiante, pero estarás más en forma y más saludable para ello.

¿Tienes que deshacer te de todo?

Ser minimalista no significa que te deshagas de todo lo que tienes. En su lugar, significa que te estás deshaciendo de todo lo que ya no te sirve. Si te gusta pintar, por ejemplo, por todos los medios, guarda tus materiales de pintura. Pero si no te gusta pintar y simplemente guardas los suministros alrededor "por si acaso los usarás un día", entonces es hora de deshacerte de ellos. Si los usaras, ya lo habrías hecho. Y, si decides recoger un pincel en el futuro, simplemente puedes comprar nuevos suministros o incluso asistir a una clase de pintura en lugar de adquirir todos los suministros y pronto simplemente tenerlos almacenados.

Cualquier cosa que sirva activamente a un propósito en su vida puede y debe ser mantenida. Sin embargo, todo lo que sólo se mantiene fuera de la obligación o el miedo de no tenerlo cuando lo necesite debe ser eliminado. La verdad es que podemos adquirir fácilmente cosas nuevas cuando encontramos que las necesitamos en nuestras vidas. No tiene sentido llevar una gran selección de artículos que ya no necesitamos, especialmente cuando no los estamos usando. Es entonces cuando tus pertenencias se vuelven desordenadas, y tu desorden se vuelve estresante, y tu vida se vuelve miserable. Si quieres hacer un cambio, tienes que aprender a eliminar lo que ya no te sirve y mantener lo que hace.

¿Puedes volver a comprar?

¡Claro que puedes! El minimalismo no significa que nunca vuelvas a comprar o hacer compras. Simplemente significa que debes aprender a ser más consciente de lo que estás trayendo a tu casa. Si usted está comprando objetos que usted sabe que no va a utilizar por más de unos días o semanas, entonces es probable que una mejor idea pasar por alto ese objeto por completo. En el peor de los casos, vea si puede alquilar uno o pedir prestado a un amigo para ver si realmente le gusta el objeto. Si no, entonces simplemente no invierta su dinero, tiempo o espacio en la adquisición del objeto. ¡En su lugar, continua!

¿Dónde está la alegría en todo esto?

El mayor sentido de alegría que adquirirás del estilo de vida minimalista es la libertad. Ya no tienes que trabajar el doble de duro para adquirir cosas y mantenerlas. En su lugar, puede reducir la cantidad de esfuerzo que pone en las cosas mediante la compra de menos desorden y almacenar menos desorden. Ahorras una gran cantidad de tiempo de esta manera, y te proporcionas la oportunidad de hacer prácticamente cualquier cosa que desees. En lugar de estar atrapado en el ciclo de consumismo, usted puede comenzar a disfrutar de la vida misma genuinamente. Puedes empezar a experimentar la vida tal como es, libre de cualquier cosa física que te detenga. Ya no te sentirás obligado a invertir tanto tiempo en mantener y proteger tus pertenencias, y será más fácil para ti empacar las cosas y seguir adelante. Puedes moverte, viajar y hacer prácticamente cualquier cosa que quieras sin miedo a que tus objetos físicos te retienen. Además, tendrás más tiempo libre debido a no tener que trabajar tan duro para tener lo que tienes.

El minimalismo no es como lo que te dicen que es en los medios de comunicación convencionales. No se trata de vivir en un estado extremo de falta, donde no tienes prácticamente nada en tu vida. No hay ninguna regla que diga que sólo puedes poseer un número determinado de artículos o solo ciertas cosas se pueden guardar si vas a ser un verdadero minimalista. Usted puede poseer cualquier número de cosas y ser un verdadero minimalista. La clave es asegurarse de que todos esos elementos son valiosos y que los usará durante un período continuo. Mientras la intención detrás de tus pertenencias sea apropiada, entonces puedes considerarte un verdadero minimalista.

Recuerden, el viaje consiste en traer alegría y libertad. El proceso de eliminar tus pertenencias y liberar tu espacio físico y tu espacio psicológico y emocional no se trata de crear una situación nueva y diferente que traiga estrés y malestar. Se trata de aliviar el estrés y el malestar por completo y aprender a vivir la vida de una manera que sea más satisfactoria y satisfactoria para usted. Se trata de unir la libertad, la felicidad y la alegría en su vida al no quedar atrapado en el ciclo del consumismo, y aprender a vivir una vida que ya no está unida por pertenencias físicas que ni siquiera le sirven. Cuando aprendas a vivir la vida como un verdadero minimalista, entonces podrás disfrutar de todos los muchos valores que la vida tiene para ofrecer, la verdadera manera minimalista. Si estás listo para empezar a vivir una vida así, entonces estás listo para comenzar el primer día de tu desafío minimalista de 30 días.

Capítulo 2: Días 1 a 10

Los primeros diez días de minimalismo van a ser algunos de los más difíciles. En este tiempo, vas a empezar a eliminar cosas de tu vida y aprender a vivir de una manera completamente nueva. Usted puede sentir una variedad de emociones en este momento; la experiencia será única para usted. Si es necesario, tómese su tiempo y háblalo despacio. El propósito de este desafío es enseñarte con éxito a practicar el minimalismo con una transformación cómoda, no a impactarte en un nuevo estilo de vida que te dejará con pesar y miseria por las decisiones que has tomado. Practique cada día como se proporciona y se dará cuenta de lo simple que puede ser la transición y lo gratificante que puede ser la liberación de un lazo físico, también.

Día 1

El primer día de tu desafío va a empezar simple. Desea recoger una caja que mantendrá en una ubicación central en su casa. A continuación, colocará un elemento allí que desea donar. Durante los próximos treinta días, continuará colocando un solo elemento en esta caja. Esta es una tarea fácil que te permitirá eliminar treinta artículos de tu casa que ya no necesitas.

Al hacerlo sólo uno a la vez, usted hace que sea extremadamente simple para usted para dejar ir estos artículos, ya que tiene un completo 24 horas para procesar la idea de que estos artículos se habrán ido para siempre. Hay dos desafíos en este acto: primero, no debes eliminar nada de la papelera de donaciones. Una vez que esté ahí, debe quedarse ahí. En segundo lugar, sólo debe trabajar uno a la vez. La idea no es sentirse abrumado o sorprendido por saltar a un nuevo estilo de vida. Puede ser difícil ver que toda su casa cambia rápidamente, incluso si usted ha deseado que esto suceda durante mucho tiempo. Si te mudas demasiado rápido, es posible que te arrepientas de tus acciones y termines comprando varios artículos para reemplazar lo que ya no tienes dentro de tu casa. El objetivo es aprender a vivir sin estos artículos, uno a la vez.

Como una tarea de bonificación para el primer día, es posible que desee tomar un diario que ya tiene en su casa, o tomar el bloc de notas en su computadora y empezar a escribir d su experiencia a medida que trabaja a través de este proceso. Escribir cómo te sientes cada día te ayudará a procesar los cambios que estás haciendo. Luego, cuando potencialmente llegues a un punto de lucha, puedes volver a escribir y leer por qué hiciste los cambios que hiciste. Asegúrate de compartir cómo te sentiste antes de comenzar el desafío y las razones íntimas de por qué comenzaste el desafío en primer lugar. Esto te ayudará a prepararte para el éxito si alguna vez descubres que llegas a un punto en el que se está volviendo difícil para ti. Una vez que hayas hecho esto, has completado tus actividades del día 1 para el desafío de 30 días.

Día 2

"Fuera de la vista, fuera de la mente" es una frase que conocemos muy bien en la vida. Cuando recogemos el desorden, a menudo lo llevamos a un lado en lugares donde ya no podemos verlo para que no tengamos que volver a visitar regularmente la culpa y el arrepentimiento que sentimos al invertir nuestro tiempo y dinero en estos artículos. Sin embargo, cuando hacemos esto, no nos enfrentamos al problema de frente. En su lugar, lo barrimos debajo de la alfombra y fingimos que no hay problema, para empezar.

Para el segundo día, vas a ordenar a través de su cajón de basura, o cajones de basura si tiene muchos. Vas a deshacer te de todo lo que convierte estos cajones en chatarra, y vas a reclamarlos para un propósito nuevo y satisfactorio. Esto le permitirá limpiar las profundidades de su hogar, lo que se sentirá como si estuviera limpiando sus secretos más profundos y oscuros. También es una actividad maravillosa para el segundo día de su desafío porque el cambio está en las partes más profundas de su hogar - en algún lugar donde no lo verá inmediatamente, pero usted sabrá que está allí. Piense en ello como una oportunidad de volver a conectar físicamente el subconsciente de su hogar.

Para realizar esta actividad, saca todo de tus cajones y límpialos por completo. Antes de hacer cualquier otra cosa, decida para que nuevo propósito servirán estos cajones. Entonces, usted puede comenzar a ordenar. Elimina cualquier cosa que no sea útil o que no te traiga alegría. Entonces, cualquier cosa que se ajuste al propósito específico del cajón se puede reemplazar cuidadosamente de nuevo en el interior. Si desea mejorar el proceso de organización, puede incluir inserciones de cajón. Sin embargo, no hay necesidad de estos si usted no los desea. Solo hazlo si realmente te harán sentir más feliz y mantén tus pertenencias más organizadas.

Una vez que haya terminado de pasar por todo, eliminar cualquier cosa que ya no necesita o desea. Por lo general, los cajones de basura están llenos de tesoros más pequeños que tienen poco o ningún valor o propósito. A menos que tengas algo valioso que valga la pena vender, simplemente tira el resto a la basura. En la mayoría de los casos, no hay nada que valga la pena donar en estos cajones. Es simplemente basura que estamos demasiado apegados para tirar.

Una vez que haya terminado de vaciar sus cajones de basura y reutilizarlos, ha terminado con el segundo día. Siéntase libre de escribir sobre la experiencia y cómo le hizo sentir. Recuerda que todo lo que escribes puede ayudarte a procesar emociones mayores que simplemente pensarlas. También te darás algo a lo que referirte, en caso de que la transición se vuelva emocionalmente difícil en cualquier momento en el futuro.

Día 3

Hoy vas a profundizar un poco más en tu experiencia. Vas a destrozar todo lo que ya no necesitas. Cualquier artículo que están rotos más allá de la reparación, o que han estado sentados alrededor de la recolección de polvo, mientras que espera hacer uso de ellos en el futuro, debe ser tirado hoy. Con demasiada frecuencia llevamos artículos de un lugar a otro porque tememos que sin ellos no tengamos acceso al beneficio que una vez ofrecieron. No permita que este miedo le impida destrozar artículos que ya no pertenecen a su hogar, o a cualquier hogar.

Mientras haces esto, tómate tu tiempo. Entra en cada habitación, y solo recolección de residuos lo que puedes reconocer inmediatamente como recolección de residuos. Mira tus pertenencias con ojos imparciales y pregúntate genuinamente lo que hay que eliminar. No hay necesidad de hojear a través de las profundidades en este punto, ya que va a ir más profundo en los próximos días. En este momento, simplemente desea eliminar la basura de la superficie de su casa: todas las áreas que se pueden ver cuando inicialmente entras en la habitación.

Eliminar la basura primero hace que todo sea más fácil. El proceso de deshacerse de las cosas que has estado aferrando al miedo, la culpa u otras emociones infelices puede ser extremadamente liberador. A menudo, cuando somos demasiado culpables para deshacernos de algo, también sentimos sentimientos no deseados cada vez que lo miramos. Por ejemplo, tal vez compraste un accesorio para tu sala de estar y luego decidiste que ya no lo querías, o se rompió, y te dijiste a ti mismo que lo arreglarías. Puedes guardarlo o guardarlo en tu armario porque te sientes culpable de haber invertido tu dinero en él. El dinero es un parecido de tiempo, así que lo que te sientes culpable es que invirtió una cantidad significativa de su tiempo en adquirir ese objeto y luego se rompió o se volvió inútil para usted. Ahora, no quieres tirarlo porque temes que se parezca al tiempo perdido, y eso te hace sentir triste o tal vez enojado. En vez de eso, quédate con él. Cada vez que lo mires ahora sentirás culpa, ira, tristeza, y tal vez muchas más emociones no deseadas o negativas. Cuando esto sucede, ahora has invertido tiempo en ganar dinero para adquirir un objeto que no quieres, y luego inviertes tiempo en sentirte mal por no quererlo más. Algunas personas invierten días, semanas, meses e incluso años sintiendo este tipo de culpa por una variedad de sus pertenencias. Al tirar estos objetos y haber terminado con ellos de una vez por todas, te liberas de esas emociones negativas.

Recuerda, no tienes que peinar las profundidades de cada habitación y tirar todo a la basura. Al menos, aún no. En los próximos días, experimentarás varias oportunidades para tirar cosas que ya no quieres o necesitas. Antes de terminar el tercer día, recuerda que todavía se supone que debes poner un artículo en tu caja de donación. Entonces, si lo desea, puede escribir sobre su experiencia y lo que sintió cuando estaba eliminando estos artículos no deseados e innecesarios de su hogar y su vida.

Día 4

Casi todos tienen una habitación de invitados, o algo similar, donde comienzan a almacenar artículos que no están usando. Estos elementos son a menudo cosas que nunca usamos, pero tampoco queremos eliminar. Pueden contener recuerdos de su pasado o esperanzas que tenía para su futuro. Es posible que haya utilizado un artículo una o dos veces y luego lo colocó en la habitación de invitados, creyendo realmente que lo volvería a usar en algún momento, pero nunca lo hizo. Es el momento en que eliminas estos artículos de tu habitación o trastero, y los dejas ir de tu vida.

Esto es algo en lo que querrás tomarte unas horas, para darte el tiempo suficiente para abordar toda la tarea de verdad. Asegúrate de hacerlo todo en un día, y de que no dejes nada de eso para más tarde. A menudo, cuando nos estamos organizando, nos prometemos que haremos más tarde y luego simplemente cerramos la puerta y "olvidamos" terminar nuestro proyecto. No quieres hacer eso con esta habitación. Esta habitación es una de las habitaciones más tóxicas de nuestras casas si no tenemos cuidado, y usted debe estar seguro de completar todo en un día. Es posible que desee tomar descansos durante todo el proceso, pero no se cierre hasta que se haya completado todo el proyecto.

Para completar esta tarea, comience en una esquina de la habitación. No hay necesidad de tratar de hacerlo todo de una sola vez. Puedes tomarte tu tiempo y concentrarte en una cosa a la vez. Comience con una caja, luego otra. Trabaje su camino alrededor de la habitación lentamente. Tenga áreas designadas para la basura, artículos de donación, artículos que desea vender y artículos que desea conservar. Una vez que todo ha pasado, puede organizar los elementos que desea mantener en los respectivos espacios de almacenamiento. El resto debe ser tratado con ese día. Tira tus artículos no deseados, coloca la papelera de donación en el auto para que puedas llevarlos a la entrega de donaciones y publica los artículos que quieras vender. Date una línea de tiempo para los artículos que estás vendiendo: si no se venden en siete días, se colocan en la papelera de donación donde todavía estás acumulando tu artículo por día para el resto de este desafío.

Una vez que haya limpiado completamente su habitación, tómese un tiempo para refrescarla. Aspira, apaga la cama, abre las persianas y lava las ventanas. Dale a la habitación un poco de vida para traerla de vuelta de la tumba del consumismo en la que se convirtió anteriormente. Cuando termines, sigue adelante y haz tu diario de diario para que puedas escribir sobre cómo se sentía trabajar a través de estos artículos y enfrentar la realidad de quién eras, quién eres y quién realmente quieres llegar a ser.

Día 5

A menudo llevamos cosas en nuestros vestidores que ya no queremos ni necesitamos. Hoy, vas a donar algunos artículos que ya no necesitas a una organización u organización que luego puede dárselos a los necesitados. Esta tarea debe ser bastante simple. Dirígete a tu armario con una bolsa de plástico y sal con la bolsa llena de artículos que ya no quieres o necesitas. Deja que los que necesitan los artículos los tengan, y puedes encontrar alegría al saber que tu armario es ahora mucho más ligero y fácil de manejar sin tanta ropa en él.

Eliminar cosas que ya no usas puede sentirse genial. Te ayuda a identificar quién eres y quién no. Cuando nos aferramos a ropa en la que ya no encajamos o que simplemente no llevamos, nos volvemos honestos con nosotros mismos acerca de quiénes somos. A menudo, la causa fundamental para que nos aferremos a estos elementos es que representan lo que creemos que somos o lo que queremos ser, y nos permiten desear en secreto lo que no somos. Esto crea una serie de efectos secundarios negativos incluyendo varios que pueden ser perjudiciales en la autoestima y la confianza en sí mismo. Lo mejor es eliminar estos artículos y mantener la ropa que quieres y usar regularmente.

Mientras estás en ello, si encuentras alguna ropa que esté rasgada, excesivamente desgastada o manchada, puedes tirarla a la basura. Estos artículos ya no son útiles y mantenerlos alrededor simplemente para cumplir con su apego físico a sus recuerdos no es beneficioso para su bienestar.

Una vez que haya pasado por completo su armario y llenado su bolsa con artículos de donación, coloque los artículos en su cubo de donación más grande para ser llevados a la entrega de donación al final del desafío. Además, pon tu artículo diario en la caja. Luego, puedes hacer tu diario de diario. Esto marcará la finalización del día 5 de tu desafío de 30 días.

Día 6

Hoy se va a centrar en el papel suelto en su hogar. Las principales cosas en las que se centrará incluyen: periódicos y revistas, correo y recibos.

Los periódicos y revistas tienden a acumularse en nuestros hogares. A menudo, ya ni siquiera los leemos porque podemos encontrar toda esa información en línea. Es hora de que tome las medidas apropiadas con sus periódicos y revistas. Hoy, vas a reciclar todo lo que no has leído y no vas a leer. Luego, te vas a poner en contacto con todos los lugares que te entregan periódicos y revistas, y vas a solicitar terminar tus suscripciones. A menos, por supuesto, que leas cualquiera de ellos. Si te encuentras leyéndolos activamente a medida que entran, tiene sentido seguir recibiéndolos. Simplemente jura que una vez que hayas terminado, lanzarás los restos al reciclaje para que no los tengas amontonados alrededor de tu casa.

El correo parece una forma tan arcaica de comunicación en estos días, sin embargo, todavía parece que recibimos mucho de ella. Hoy, tomemos un tiempo para pensar en cómo manejas el correo cuando lo recibes. ¿Tiras el correo basura o lo dejas en tu mostrador hasta que se haya amontonado? ¿Destrozas te lo has dicho el correo confidencial, o lo guardas en una pila y dices "lo haré más tarde"? ¿Cuáles son tus hábitos alrededor del correo que recibes? Hoy vas a pasar por cualquier montón de correo que tengas sentado y tratar con ellos. El correo basura no deseado se pondrá en el reciclaje, y el correo confidencial innecesario será triturado. Si hay una opción, como con los estados de cuenta bancarios, debe conectarse y optar por comunicaciones en línea en lugar de comunicaciones en papel. A continuación, va a poner en marcha una nueva estrategia para cuando reciba correo desde este día en adelante. Cada vez que reciba correo basura, debe ir directamente al reciclaje. Cada vez que reciba correo confidencial que no necesita acción, lo triturará inmediatamente y lo pondrá en el reciclaje también. Todo lo que sea confidencial y requiera acción debe colocarse en un lugar accesible, actuar lo antes posible y luego triturarse y eliminarse.

Cuando se trata de recibos, es importante que deje de acumularlos a tu alrededor. Si mantiene los recibos a efectos fiscales, asegúrese de tener un sistema de presentación eficaz en su lugar y tan pronto como regrese a casa inmediatamente presente sus recibos del día. Los recibos que no sean necesarios deben descartarse inmediatamente. Si un cajero le pregunta si necesita un recibo y no lo requiere a efectos fiscales, debe solicitar que simplemente recicle el recibo para usted. Esto evitará que tengas que recordar hacerlo tú mismo más tarde.

El papel puede abrumar a su casa, coche, y si usted tiene uno, su bolso también. A menudo acumulamos tantos pedazos de papel que no tienen importancia directa en nuestras vidas y todo lo que crea es una enorme cantidad de desorden. Para el documento que es importante, rara vez tenemos reglas estrictamente aplicadas para nosotros mismos sobre cómo trataremos este documento. Hoy, vas a cambiar eso.

Una vez que haya terminado de tratar con su papel, puede guardar su artículo en la caja de donación. A continuación, puede completar su actividad diaria de registro diario. Después de eso, ¡ya terminaste por completo el sexto día de tu desafío minimalista de 30 días!

Día 7

A principios de esta semana donaste una bolsa entera de prendas de vestir. Hoy, vas a organizar tu cómoda. Cuando usted está haciendo esto, usted quiere asegurarse de que usted está haciendo todo accesible de una manera que hace que sea fácil mantener su cómoda limpia. También tendrás una segunda oportunidad para deshacerte de cualquier cosa que ya no quieras conservar.

El primer paso para organizar su cómoda es eliminar absolutamente todo. A continuación, desea limpiar cada cajón. Vacíe el cajón y asegúrese de que no haya nada derramado o escondido en cualquiera de las esquinas. Una vez que se limpia cada cajón, decida a dónde desea que vaya todo. Luego, dobla tus artículos correctamente y colócalos cuidadosamente en tu cómoda. A medida que estés pasando, asegúrate de que todo lo que tienes es lo que realmente quieres. Cualquier cosa que no quieras, deberías deshacer te. Esto es especialmente cierto con ropa interior y calcetines. A menudo guardamos ropa interior y calcetines que están rotos o que ya no usamos y terminamos teniendo más de lo que necesitamos. Ahora es el momento de tirar los de la basura.

Si guardas la ropa en tu armario, también deberías seguir adelante y ordenarlas. Asegúrese de que realmente desea lo que está guardando y que todo está en buenas condiciones. Cuando haya terminado, puede organizar todo de nuevo en su armario. Código de color todo para que sea fácil encontrar lo que está buscando en un momento dado.

Cuando haya terminado de organizar su cómoda y ropa en su armario, ha terminado con el día 7 de su desafío, que comienza el final de la primera semana. Asegúrese de guardar su artículo de donación diaria y de llenar su entrada diaria de diario. ¡Entonces, celebra que has trabajado con éxito hasta el final de la primera semana!

Día 8

Wu-Men

Hay muchas superficies en nuestros hogares. Para individuos no entrenados, las superficies son un gran lugar para que la basura se reúna y el desorden para recolectar. Hoy vas a empezar algo que seguirás haciendo por el resto de este desafío. Así que lo harás durante 22 días. Es decir, vas a elegir una superficie por día y limpiarla por completo. Usted va a eliminar todo de la superficie, sólo reemplazar los elementos necesarios, y organizar a través del resto de los elementos para ponerlos donde pertenecen.

Puede que no tenga 22 superficies en su hogar, pero hay una buena probabilidad de que algunas necesiten ser reavivadas. Puede tomar el tiempo para inculcar este hábito en su vida y hacer que sea más fácil para usted apegarse a diario. El objetivo es aprender a poner las cosas de nuevo en su lugar y mantener sus superficies libres de cualquier cosa que no les pertenece. Quieres disciplinarte para ver que una superficie no significa que se estén dando más bienvenida en tu casa, sino que finalmente estás permitiendo que el espacio limpio llegue en tu vida.

Con cada superficie, desea borrarlo primero completamente. Límpielo d y asegúrese de que esté limpio y agradable. Entonces, si vas a colocar una decoración en él, adelante. Cualquier otra cosa debe ser organizada y puesta en su lugar respectivo. Si hay algo, no quieres conservarlo, tirarlo o ponerlo en tu caja de donación. Haga esto una y otra vez con todas las superficies de su hogar. Haz que sea un objetivo que dejes al menos la mitad de las superficies libres de cualquier cosa, incluso decoraciones. Tener superficies completamente claras es calmante para la mente y las emociones, y obtendrás mucho beneficio si aprendes a mantener tus superficies claras y limpias de forma regular.

Una vez que haya terminado su superficie diaria, siga adelante y haga su artículo de donación diaria. A continuación, también puede realizar su entrada diaria de diario. Después de completar estas tres tareas, ¡terminaste el día 8 de tu desafío de 30 días!

Día 9

Hoy te vas a centrar en organizar tu colección de fotografías. Esto puede no ser un problema importante para usted, pero muchas personas tienen un número significativo de imágenes impresas que acaparan alrededor de su casa. Las generaciones más jóvenes ya tienen la mayoría de sus fotografías sólo en una plataforma digital, pero las generaciones mayores tendrán que trabajar a través de sus fotografías y organizarlas.

Si ha impreso imágenes, va a querer ordenarlas. Cualquier cosa que no desee conservar debe ser triturada, y cualquier cosa que desee conservar debe ser escaneada y cargada en su computadora, y luego la copia impresa debe ser triturada. Asegúrese de que todos los archivos que tiene en su ordenador se almacenan en varios lugares. Puede almacenarlos directamente en su propio ordenador, en un sistema de almacenamiento en la nube y en una unidad USB para asegurarse de que todos son seguros. Si tienes alguna fotografía que *realmente* quieras conservar, puedes hacer un álbum de fotos o ponerlas en marcos alrededor de tu casa.

Si no tiene muchas imágenes impresas, es probable que no sean un problema importante para usted. Sin embargo, es probable que tenga muchas fotografías en sus unidades de almacenamiento digital. Hoy vas a ir a través de todos ellos y eliminar los que no desea mantener. Con demasiada frecuencia guardamos todas las fotos que hemos tomado, sean buenas o no. Ocupan mucho espacio, y terminan llenando nuestros álbumes en línea con fotografías que nunca miramos. En su lugar, elimina todo lo que no te guste y organiza los restantes en álbumes de fotos relevantes.

Después de que haya terminado de ordenar sus fotografías, puede hacer su superficie diaria, su artículo de donación diaria y su entrada diaria de diario. ¡Entonces, has terminado para el día 9 de tu desafío de 30 días!

Día 10

A.C. Buda

El día 10 va a ser fácil. Hoy, todo lo que debes hacer es relajarte. Lo has hecho maravilloso hasta ahora, y mereces relajarte. Una de las muchas bendiciones de ser un minimalista es que tienes menos de qué preocuparte en tu vida. No tienes tanta limpieza que hacer; no hay tanto estrés en su vida porque usted no está preocupado por mantener o cuidar de tantas pertenencias, y usted no tiene que trabajar tan duro para traer nuevas pertenencias a su hogar. Hoy, te vas a deleitar con esa gloria.

Asegúrate de pasar el día relajándote a tu manera favorita. Si trabajas hoy, pasa una cantidad significativa de tiempo después del trabajo disfrutando de paz y tranquilidad. Tómese el tiempo para notar todos los avances que ha hecho y lo lejos que ha llegado en su viaje minimalista en los últimos 10 días. Respira profundamente, medita y disfruta de una taza de tu bebida favorita. Puedes pasar hoy dentro de la casa o fuera de la casa; depende completamente de ti. Quieres hacer todas las cosas que te hacen sentir relajado. No hay una manera correcta o incorrecta de pasar este día, siempre y cuando usted está entrando en un estado de relajación total. Entonces, y sólo entonces, has completado con éxito el día 10 de tu desafío de 30 días. Después de este día, usted es un tercio del camino hecho todo su desafío.

A pesar de que está tomando un día para la relajación, asegúrese de ganar tiempo para limpiar una superficie, donar un artículo y completar una entrada de diario.

¡Estás a mitad de camino!

Felicidades por llegar al punto medio del viaje. Muchos intentan rendirse mucho antes incluso de llegar a este punto, por lo que hay que felicitarlos por esto. Has demostrado que te hablas en serio de mejorar cada día. También me tono en serio mejorar mi vida y ayudar a otros a mejorar en el camino. Para hacer esto necesito sus comentarios. Haga clic en el siguiente enlace y tómeme un momento para hacerme saber cómo este libro le ha ayudado. Hemos detectado un problema desconocido. Quiero asegurarme de que a medida que tú y yo mejoremos, este libro siga mejorando también. Gracias por tomarse el tiempo para asegurarse de que todos estamos sacando el máximo provecho el uno del otro.

Capítulo 3: Días 11 a 20

A medida que entras en la segunda etapa de tu desafío de 30 días, es probable que sientas muchas emociones diferentes. Tal vez te das cuenta de que esto es más fácil de lo que pensabas que sería, o tal vez estás encontrando que es más difícil de lo que inicialmente creías que sería. Es posible que sientas una mezcla de emociones mientras disfrutas de un hogar libre de desorden, pero aceptas la práctica de eliminar cosas que ya no necesitas o quieres. Tal vez todavía hay algo de culpa o arrepentimiento persistente de eliminar artículos que ya no necesitabas o querías, pero que aún tenías un gran apego emocional. Independientemente de lo que estés sintiendo, si has entrado en la segunda etapa de tu desafío, estás haciendo un trabajo maravilloso. Usted debe tomar se toma un tiempo para apreciar su éxito y notar lo lejos que ya ha llegado. Lo estás haciendo muy bien.

Para esta parte del desafío, vamos a cavar un poco más profundo. Vas a hacer más limpieza en las partes más profundas de tus hogares, y vas a lograr algunas tareas más difíciles, como deshacerte de los artículos que has estado sosteniendo "por si acaso". Esto puede traer aún más emociones, pero tenga la seguridad de que tendrá un gran éxito en su viaje si continúa siguiendo cada día como se establece para usted. Si estás listo para comenzar la segunda etapa de tu desafío de 30 días, entonces sigue adelante y comienza con el día 11. Y recuerda, tómate tu tiempo y sé amable contigo mismo a través de este proceso. Se trata tanto de la búsqueda del alma y el desarrollo personal como de limpiar su hogar para que tenga un ambiente libre de desorden para vivir.

Día 11

Hoy se va a utilizar para dos cosas si tienes una familia con niños pequeños, o una si no lo haces. Si tienes una familia con niños pequeños, hoy te vas a centrar en la colección de juguetes. Independientemente de si tienes una familia o no, también te vas a centrar en tus preciadas colecciones.

Vamos a empezar por centrarnos en los juguetes si esto es aplicable a usted. Repase todos los contenedores de almacenamiento que contienen juguetes y lo organiza todo. Los juguetes que estén rotos deben ser desechados. Los juguetes con los que ya no se jueguen deben ser donados. Los niños a menudo terminan con una abundancia de juguetes, muchos de los cuales nunca usan. Si bien es bueno poder duchar a sus hijos con regalos y juguetes que anhelan, también termina abarrotando el hogar. Mientras está limpiando, piense en algunas actividades que puede alentar a sus hijos a prescindir de juguetes involucrados. Tal vez podrían salir y jugar a fingir, o ayudar a hornear o hacer las tareas del hogar en su lugar. Hubo un tiempo en que los niños no tenían tantos juguetes como los niños modernos, y en ese tiempo encontraron maneras de ocuparse sin tener que poseer los últimos y más grandes aparatos y equipo. Es beneficioso animar a sus hijos a hacer esto, ya que los alienta a tener un mayor sentido de la imaginación y aprender a manejar su tiempo adecuadamente. Les impide tener que confiar en los juguetes y tales para traer alegría a sus vidas y les enseña a crear gozo en la vida.

La segunda tarea era repasar sus colecciones. Algunas de estas colecciones que puede estar manteniendo simplemente porque ha invertido tanto tiempo y tal vez incluso dinero en ellas. Es hora de considerar realmente cuánto te gustan y si valen la pena para que los mantengas alrededor. Por supuesto, si tu colección te trae una gran alegría y es algo de lo que te enorgulleces, sin duda tiene sentido conservarla. Sin embargo, si no lo hace y simplemente lo hizo como un tiempo de paso y ahora ya no está tan contento con la colección como lo fue una vez, puede ser el momento de dejarlo ir.

Una vez que hayas tratado con juguetes y colecciones, estarás listo para entrar en las actividades diarias que estás manteniendo a lo largo de este desafío. Limpie una superficie, coloque un artículo en el cuadro de donación y haga su diario de diario. Si encuentra que su caja de donación se está llenando, es importante que la lleve directamente a la ubicación de entrega de donaciones. Si estás utilizando un ordenador portátil o una tablet, intenta moverte a otra ubicación e inténtalo de nuevo. A menudo no lo llevamos para llevarlos a la entrega debido a la dilación, que es exactamente lo que no queremos.

Día 12

Probablemente lo has dicho antes "Sí, ya no lo uso, pero quiero aferrarme a él por si acaso". ¿Si alguien te preguntara "por si acaso qué?" podrías tener una respuesta genérica "bueno, en caso de que lo necesite, por supuesto!", o tal vez no tengas ninguna respuesta. Independientemente de cuál sea su respuesta, es probable que no sea una buena razón para seguir almacenando un montón de artículos que no está utilizando actualmente.

En muchos casos, cuando vemos estos artículos de "por si acaso", nos trae culpa. Pensamos en las cosas que sentimos que deberíamos estar haciendo, y nos sentimos molestos con nosotros mismos de que ya no estamos haciendo tiempo para ellos. Tal vez los artículos que se aferran a son los que una vez usó con frecuencia o los que compró pensando que usaría más de lo que lo hizo. La realidad es que simplemente te hacen sentir mal por ser quién eres, y eso nunca es beneficioso. En lugar de sentirte malo y culpable, vas a eliminar estos objetos y abrir espacio en tu vida para cosas nuevas que te atraen.

En la vida, tenemos tendencia a cambiar con frecuencia. A menudo, nuestras aficiones e intereses también cambian con frecuencia. Como resultado, podemos terminar con muchas cosas que simplemente no usamos tan a menudo como pensábamos que podríamos o tan a menudo como solíamos hacerlo. En el futuro, una gran idea para trabajar junto con sus pasatiempos es sólo para comprar lo que absolutamente necesita. O bien, puede tomar una clase en algún lugar local para que pueda obtener acceso a los suministros disponibles en la clase mientras aprende sobre las técnicas y habilidades que necesita para obtener el bien en la afición. Si encuentras que todavía estás profundamente interesado en el hobby después de un tiempo, entonces puedes seguir adelante y comprar cualquier cosa que sientas que necesitas para disfrutar completamente de tu hobby en casa.

Una vez que haya ordenado a través de sus artículos "por si acaso" y los haya colocado todos en cajas, colóquelos directamente en su coche y llévelos al centro de entrega. No hay necesidad de almacenarlos en cualquier lugar donde terminen siendo olvidados y quedándose como parte del desorden de su hogar. Tienes que deshacer te de ellos de inmediato.

¡Completa tus actividades diarias para el desafío, y entonces terminaste para el día 12!

Día 13

Hoy nos vamos a centrar en alguna organización digital. Anteriormente, revisaste todas tus fotografías online y las ordenaste para descubrir cuál querías conservar y que querías eliminar. También pasó por el proceso de ponerlos todos en carpetas ordenadas para que se organizaron. Hoy, vas a hacer esto con el resto de nuestras pertenencias en línea.

Debido a que nuestras pertenencias en línea están digitalizadas y no ocupamos espacio físico, a menudo las pasamos por alto. Nos olvidamos de que necesitan ser limpiados y mantenidos de la misma manera que nuestras otras pertenencias necesitan ser atendidos. Debido a esto, pueden volverse confusos y confusos, y podemos terminar perdiendo cosas en nuestro mundo en línea. Esto puede ser tan estresante como perder algo en el mundo real.

Hoy vas a pasar por tu correo electrónico, cuentas de redes sociales y archivos sin conexión para organizarlos todos. Va a poner nuevos sistemas en su lugar que le ayudarán a mantener la organización de estos dispositivos, y va a aplicar estrictamente nuevas reglas que le ayudarán a mantener todo en esta forma organizada en el futuro.

Comience con su correo electrónico. Vuelve a ver todos tus correos electrónicos y cancela la suscripción a todos los correos electrónicos que recibas de las tiendas. No es necesario recibir estos correos electrónicos con frecuencia; simplemente te animan a sentir la necesidad de comprar y adquirir más pertenencias que no necesitas. A continuación, desea eliminar todos los correos electrónicos innecesarios. Con todos los correos electrónicos restantes, debe ordenarlos en archivos apropiados donde puede acceder fácilmente a ellos si alguna vez los necesita.

A continuación, vaya a sus cuentas de redes sociales. Dado que nuestras cuentas de redes sociales a menudo van extremadamente lejos, no queremos perder tiempo en publicaciones o fotos. Estos pueden permanecer intactos. En lo que quieres centrarte son tus listas de amigos. Revisa tus listas de amigos y elimina a cualquier amigo que no conozcas, no hables o ni siquiera te guste. A menudo nos aferramos a las personas en nuestras listas de amigos porque sentimos que el número total refleja lo importante que somos y le damos una gran cantidad de significado emocional a ese número y a cada persona en la lista, incluso si realmente no nos gustan o los conocemos. Hoy, vas a eliminarlos a todos y liberar esa carga emocional, liberándote para concentrarte en quién realmente importa, incluyéndote a ti mismo.

Por último, desea organizar los archivos sin conexión. Ir a través de todos los archivos sin conexión en su ordenador, hacer carpetas para ellos, y luego organizarlos para que sean fáciles de encontrar. Si hay alguno que ya no necesite, elimínelos. Esto libera espacio en su computadora, y en su mente.

Después de que haya terminado de organizar su vida en línea, siga adelante y complete sus tareas diarias fuera de línea. Borre una superficie, coloque un artículo en la bandeja de donación y complete su entrada diaria de diario. Entonces, terminaste por hoy.

Día 14

Para el último día de la semana dos, vamos a centrarnos en su dormitorio. Tu dormitorio debería ser tu santuario. Usted debe sentirse cómodo, seguro y relajado en cualquier momento que esté en su dormitorio. Cuando entras en este espacio, debes sentirte inmediatamente en paz, y como si estuvieras en tu espacio seguro.

Cuando nuestras habitaciones están desordenadas y desordenadas, lo llevamos como una carga. Aumenta nuestros niveles de estrés y nos hace sentir caóticos en nuestra mente. Como resultado, a menudo no dormimos profundamente, por lo que terminamos sufriendo físicamente. Limpiar su dormitorio correctamente y eliminar el desorden de este espacio puede permitirle liberar todas esas tensiones y recuperar la paz en su vida.

Para empezar, mira lo obvio. Desea limpiar todas las superficies de la habitación y ordenar todo lo que ha estado almacenando en ellas. Entonces, despejen el suelo. A continuación, limpie todos los cajones. Finalmente, limpie la cama. Si tienes un armario, limpia esto también. Con cada área que estás limpiando, elimina por completo todo del espacio, organiza todo, y solo reemplaza lo que absolutamente debe volver a ese espacio. Todo lo demás debe organizarse en su nuevo hogar, donarse o desecharse.

Mientras vuelve a juntar su habitación. Piense en qué decoraciones y accesorios realmente mejorarán la comodidad y la paz, y deje que todo lo demás vaya. Optimice sus tocadores y mesitas de noche para que las cosas importantes sean fácilmente accesibles y nada más pueda interponerse en el camino. Haz tu cama, pero no reemplaces una tonelada de almohadas o decoraciones encima. Estos acaban en el suelo o se empujan a un lado para que pueda acceder a su cama por la noche. En su lugar, simplemente reemplace lo que necesita y deje que el resto vaya.

Una vez que haya terminado de reorganizar su habitación, puede realizar sus tareas diarias de limpieza de una superficie, donar un elemento y registrar en diario una entrada. Entonces, usted está completamente hecho el día 14 de su desafío de 30 días. También has terminado tu segunda semana de tu desafío. ¡Usted puede tomar este tiempo para celebrar a sí mismo y sus logros hasta ahora!

Día 15

Por ahora, es probable que haya encontrado que hay muchas cosas en su casa que usted ha considerado dejar ir, pero simplemente no son capaces de. Es posible que te des cuenta de lo difícil que es dejar de la web las cosas que amas o que alguna vez amas. Hoy, nos vamos a centrar en esta emoción. Nos vamos a centrar en poner en marcha una regla que te ayude a superar esta emoción de una manera que sea cómoda y efectiva.

Hoy aprenderás a dormir en él. Hemos detectado un problema desconocido. Duerme en él, piensa en lo que quieres hacer, y luego hazlo. No hay necesidad de deshacerse de todo en su vida. Si usted está luchando para dejarlo ir, dormir en él le ayudará a traer respuestas. Al día siguiente usted será capaz de decidir realmente si usted está luchando porque es difícil de dejar ir, o si usted está luchando porque usted realmente no quiere dejarlo ir. Una vez que tenga su respuesta, puede tomar la acción apropiada de dejar ir la misma, o almacenarla en un lugar seguro donde pueda permanecer organizado y seguir siendo útil para usted.

Recuerda, el propósito del minimalismo no es deshacerte de todo lo que tienes y vivir en apenas nada. Es deshacerse de las cosas que ya no necesitas o quieres y abrir espacio para disfrutar de las cosas que necesitas y quieres. Le permite la libertad de la vida y la oportunidad de disfrutar más allá de sus posesiones materiales. Sin embargo, eso no significa que no puedas tener posesiones materiales. Si te gusta algo, pero simplemente no estás muy seguro de si quieres conservarlo o dejarlo ir, es hora de practicar el método de sueño en él. Puedes hacer esto con todos y cada uno de los elementos con los que has estado luchando hasta este punto en tu desafío. También debe hacerlo con cualquier elemento futuro con el que luche.

Mientras trabajas en poner en marcha esta nueva práctica, tómate un tiempo para completar tus actividades diarias. Limpie una superficie, coloque un artículo en la bandeja de donación y rellene su entrada diaria de diario.

Día 16

¿Cuántos objetos guardas por su valor sentimental, y nada más? Artículos que un ser querido te dio o que una vez pertenecieron a un ser querido, y te aferras a ellos por lo que se parecen a ti. Podrían parecerse a la persona misma, o podrían ser un símbolo de un momento especial en tu vida. Las camisetas viejas, las piezas de joyería, las colchas y más a menudo se guardan simplemente por el valor sentimental que llevan.

El valor sentimental es un valor alto, pero a menudo lo convertimos en un valor más alto de lo que realmente debe ser. Si usted está llevando alrededor de objetos sentimentales simplemente por su valor sentimental y por ninguna otra razón, es el momento que los suelta. Si no los estás usando y no te traen alegría todos los días, o de forma regular (al menos una vez por semana), deberías considerar dejarlos ir. Es hora de despejar el espacio en tu vida para que disfrutes de las cosas que te traen mayor alegría que los objetos sentimentales.

A menudo nos aferramos a objetos sentimentales porque sentimos que son una clave de nuestro pasado. Tienen recuerdos o desbloquean sentimientos que nos preocupa que nunca volvamos a tener si no mantenemos dicho artículo alrededor. La realidad es que esto simplemente no es cierto. Puedes tener cualquier memoria o emoción que quieras sin tener que tener un artículo físico disponible para recordarlo. Si bien puede ser agradable, también puede crear desorden.

Tener uno o dos objetos sentimentales está bien, especialmente si son los que usas regularmente o que te traen alegría de forma regular. Pero si los mantienes cerca simplemente por lo que se parecen para ti, necesitas dejarlos ir. Si realmente está luchando con dejarlos ir, considere tomar una foto de ellos y almacenarlo en un archivo de "elementos sentimentales" en su computadora. A continuación, puede soltar el elemento físico en sí. Es probable que sientas una gran liberación al dejar ir el pasado y abrir espacio en tu vida física y en tu vida emocional y psicológica para el futuro.

Una vez que haya terminado de ordenar y borrar los elementos sentimentales, puede hacer sus tareas diarias de limpiar una superficie, donar un elemento y registrar en diario su entrada diaria. Entonces, terminaste por hoy.

Día 17

Nos han enseñado que los accesorios son un activo importante para nuestro vestuario. Tanto es así que a menudo terminamos acumulando cantidades interminables de accesorios para acentuar nuestro armario. Colecciones masivas de joyas, colecciones de accesorios para el cabello, colecciones de bolsos, colecciones de zapatos y otras colecciones tienden a acumularse en nuestras vidas, ya que aspiramos a poder crear cualquier look que deseemos en un momento dado. En la mayoría de los casos, ni siquiera usamos la mitad de ellos; simplemente los tenemos porque creemos que tal vez queremos usarlos en algún momento en el futuro. Es otro escenario clásico "por si acaso".

Hoy, vas a organizar tu colección de accesorios. Cualquier cosa que poseas que no uses regularmente debe ser eliminada. Solo quieres que lo que usas con frecuencia se quede atrás. Lo creas o no, los accesorios ocupan una gran cantidad de espacio en nuestros hogares. A menudo tenemos tantos de ellos que terminamos almacenándolos por todas partes en varias pequeñas cajas y artilugios de almacenamiento. En muchos casos, a menudo incluso olvidamos lo que tenemos, por lo que nunca se utiliza. ¡Si usted está teniendo este problema, es el momento de eliminarlos y seguir adelante! Necesitas limitar tu colección de accesorios a solo lo que necesitas y nada más. Deja que todo lo demás se vaya.

Una vez que haya terminado de pasar por sus accesorios, puede completar sus tareas de desafío diario. ¡Entonces, terminaste por hoy!

Día 18

Hoy, vas a trabajar en una tarea que podría ser difícil, pero también traerá una gran recompensa. Vas a tener un día desconectado. Usted va a apagar todos sus dispositivos electrónicos y abstenerse de utilizar cualquiera de ellos para el resto del día. Los televisores, teléfonos celulares, radios, computadoras, tabletas y cualquier otro dispositivo electrónico que utilices deben ser eliminados por el día. Vas a pasar el día haciendo actividades sanas del mundo real, libre de distracciones electrónicas.

Como sociedad, tendemos a ahogarnos en el mundo de la tecnología a diario. Con frecuencia estamos atrapados en las redes sociales y otras funciones en línea a medida que perdemos horas y horas de tiempo en nuestros dispositivos electrónicos. Si bien la tecnología es un activo muy valioso en nuestra sociedad, también es un hábito adictivo que debemos aprender a moderar. Al tomar descansos regulares desenchufados de la sociedad, nos permitimos restablecer nuestro mundo interior y centrarnos más en lo que nos rodea. Nos recordamos a nosotros mismos que hay más en la vida que el mundo en línea, y somos capaces de reconectar con la vida misma. Nos da la oportunidad de recordar lo que se siente vivir en el ahora, que puede tener un beneficio increíblemente emocional y psicológico para nuestro bienestar general.

Se le anima a ir 24 horas completas sin usar ningún dispositivo electrónico hoy en día. Por lo menos, vaya 12 horas. Mientras disfrutas de tu día desenchufado, sigue adelante y completa tus tres tareas diarias para que realices todas tus tareas de 18 días para el desafío de 30 días.

Día 19

La cantidad de desorden que recogemos en nuestras cocinas es increíble. A menudo terminamos con una serie de diferentes dispositivos y dispositivos que se utilizan para una variedad de cosas diferentes. Peelers, removedores de corcho, abrebotellas, utensilios, ralladores y varios otros tipos de aparatos más pequeños pueden acumularse en nuestra cocina. También tendemos a acumular pequeños electrodomésticos que se supone que hacen que cocinar sea más fácil. Tal vez usted también está acaparando libros de cocina, y tal vez incluso algunos ingredientes que en realidad no utiliza. Hoy, vas a ordenar a través de todos ellos.

Comience con sus contadores: borrarlos y ordenar a través de todo lo que ha almacenado en ellos. Recuerda que quieres estar tirando cosas a la basura, donando algunas, y sólo manteniendo lo que realmente quieres y necesitas. Cualquier cosa que no utilice de forma regular no debe considerarse un deseo o necesidad, no importa lo práctico o útil que el dispositivo tiene el potencial de ser. Después de hacer sus mostradores, vaya a sus cajones. Luego, vayan a sus armarios. Por último, organiza el contenido de tu nevera. Quieres organizar completamente todo en todas estas áreas para que cuando estés usando tu cocina para cocinar, ya no tengas que ordenar a través de montones y montones de basura. En su lugar, simplemente puede encontrar todo lo que realmente necesita con un vistazo fácil.

Asegúrese de que cuando esté reemplazando el contenido de su cocina de nuevo en sus respectivos hogares que está siendo organizado al respecto. Designe un único propósito para cada armario o estante y cajón. Luego, solo devuelva los artículos que realmente satisfagan esas necesidades deliberados en esas áreas. Podrías considerar crear "secciones" de tu cocina para ayudarte a elegir un propósito. Por ejemplo, puede seguir sirviendo platos, utensilios de cocina y utensilios de cocina cerca de la estufa, platos y utensilios cerca del fregadero y dispositivos de almacenamiento cerca de la nevera. Al crear estas diferentes secciones dentro de su cocina, usted hace que sea extremadamente fácil saber dónde se deben colocar las cosas. También facilita el acceso a lo que necesita desde cualquier dispositivo que esté trabajando junto a.

Lo último que debe hacer en su cocina es barrer y fregar los pisos y limpiar su fregadero. Refresquenlo, abran la ventana y den un poco de iluminación natural. Esto ayudará a que su cocina se sienta más limpia y acogedora. Cuando haya terminado, complete sus tareas diarias de desafío. Entonces, ¡ya terminaste con el día 19 de tu desafío de 30 días!

Día 20

Es posible que no lo hayas notado anteriormente, pero es probable que almacenes un poco de cosas en el suelo. Mira a la vista, y mira a la vista menos obvio. Tal vez te sorprenda sorprendas al ver cuántas cosas se esconden a simple vista. Hoy, usted se va a centrar en limpiar sus pisos y limpiarlos correctamente. Su objetivo final será tener pisos que se pueden aspirar, barrer o fregar sin esfuerzo sin tener que limpiar antes de realizar estas tareas.

Vas a pasar por todas las habitaciones de tu casa para hacer esto. Comience en una habitación, y trabaje su camino a través del resto. Lleve una bolsa de basura, una caja de donación y suministros de limpieza de habitación en habitación. Quieres sacar todo del piso. Tira las cosas, dona lo que ya no necesitas o quieres, y organiza lo que quieres conservar. Al terminar en cada habitación, limpie el piso por completo. Usted debe ser capaz de limpiar el suelo sin tener que levantar, limpiar, o mover nada fuera del suelo. En otras palabras, toda la recolección de residuos y artículos no deseados debe desaparecer, y todos los artículos que se están guardando deben almacenarse correctamente en sus hogares únicos que no están en el piso.

Cuando haya completado esta tarea, puede completar sus tareas de desafío diarias. Esto marcará el final del día 20 y el final de su segunda etapa del desafío. Después de esto, ¡sólo quedan 10 días!

Capítulo 4: Días 21 a 30

Estás entrando oficialmente en la última etapa del desafío de 30 días. A partir de hoy, estarás completando los últimos 10 días del desafío, y entonces estarás listo. Para el final de su desafío, vamos a ser suaves pero persistentes. Vas a poner el resto de tu casa en orden, y vas a trabajar en tu mundo interior también. Al final de esta etapa usted debe sentirse renovado y rejuvenecido, y usted debe ser capaz de mirar alrededor de su casa y ver la paz y la comodidad, en lugar de caos y desorden.

Si has llegado hasta aquí, deberías celebrarte a ti mismo. El minimalismo es un estilo de vida fácil, pero no siempre es fácil pasar a este estilo de vida. Siempre quieres felicitarte y celebrar tus éxitos mientras haces cualquier cambio importante en tu estilo de vida. Después de todo, si has llegado hasta aquí entonces estás haciendo un trabajo maravilloso. Mereces sentirte feliz y alegre por tus logros y enorgullecerte de tu éxito.

Día 21

Hoy se va a centrar principalmente en sus tareas diarias. Te lo vas a tomar con calma y concentrarte en tu mundo interior y bienestar. Vas a respirar, meditar y tomarlo con calma. Recuerda, este desafío no pretende ser duro o para inmiscuir en una nueva forma de vida. Quieres que sea refrescante, rejuvenecedor y sin esfuerzo. Quieres sentirte bien mientras completas cada tarea, y te sientes seguro mientras abrazas tu nuevo estilo de vida. Cuanto más fácil estés contigo mismo, más disfrutarás de la transformación, más probable será que el nuevo estilo de vida se pegue, y no termines volviendo a los viejos hábitos después de que este desafío se haya completado.

Tómese un tiempo hoy para relajarse por completo. Haz lo que te haga sentir en total paz, y alimenta tu mundo interior. También vas a tomarte algún tiempo para mirar hacia atrás en tus emociones sobre el desafío hasta ahora. Piensa en tiempos que fueron difíciles y piensa en cómo te hizo sentir el resultado final. Piensa en dónde has experimentado resistencia o lucha, y observa lo que se sentía al trabajar a través de esas emociones. O, si todavía los llevas, tómate un tiempo para superar esas emociones.

Hoy se trata de cuidarse y nutrir su espacio interior. Una parte importante del minimalismo es aprender a nutrirnos y cuidar de nuestro mundo interior. Es importante que te tomes el tiempo para aceptar esta parte del cambio de estilo de vida cuando estás en el proceso de transformar tu vida en una de un minimalista. A medida que su mundo físico se despeja y se libera de las cargas emocionales y los contratiempos, debería ser más fácil para sus mundos psicológicos y emocionales hacer lo mismo.

Tómese su tiempo, vaya despacio y disfrute de cada parte de hoy. No olvides hacer tus tareas diarias de desafío. Además, va a agregar una nueva tarea diaria. Vas a pasar al menos 20 minutos al día permitiéndote relajarte y disfrutar del momento por completo.

Día 22

La adición de electrónica en nuestro mundo ha sido maravillosa, pero también ha provocado una gran cantidad de desorden. Piense en cuántas pertenencias tiene que son electrónicas o que son accesorios para su electrónica. Los mandos a distancia, las cajas, las baterías, los cables y mucho más pueden desordenarse cuando no los mantenemos activamente y los mantenemos organizados y almacenados correctamente.

Hoy, usted se va a centrar en la limpieza de sus dispositivos electrónicos. Cualquier accesorio tendrá que encontrar un hogar adecuado, y los dispositivos en sí mismos se almacenarán correctamente también. Los dispositivos más pequeños se pueden almacenar perfectamente en cajones, y los dispositivos más grandes deben mantenerse en un espacio ordenado y organizado. Si tienes un soporte de TV, por ejemplo, tómate un tiempo para organizar el stand y asegúrate de que cualquier cosa encima esté limpia y ordenada y esté descansando donde se supone que debe hacerlo. También quieres echar un vistazo a las cuerdas. Realice un poco de administración de cables atando los cabos sueltos y manteniéndolos aerodinámicos. Cuanto más organizados estén tus cables, más ordenada se verá tu electrónica.

Una vez que haya terminado, complete sus cuatro tareas diarias: relajarse durante 20 minutos, donar un artículo diario, borrar una superficie y completar su entrada diaria de diario. Entonces, terminaste para el día 22.

Día 23

Hoy vas a comenzar un desafío de una semana que usarás para el resto del desafío de 30 días. Este desafío puede ser difícil, pero sin duda puede hacerlo. No vas a gastar dinero durante toda una semana, fuera de las necesidades como gasolina y comestibles. No comprará comida rápida ni comerá en restaurantes, comprará ropa u otros artículos innecesarios, ni gastará dinero en nada más. Te vas a abstener de comprar nada esta semana.

Gastamos dinero más rápido de lo que ganamos dinero en esta sociedad, y conduce a un ciclo negativo que puede ser difícil de romper. En muchos casos, ni siquiera nos damos cuenta de cuánto dinero estamos gastando hasta que todo se ha ido. Usted va a empezar a cambiar este ciclo tomando esta semana de descuento en gastar más dinero. La cantidad que ahorrarás de no comprar será increíble.

A menudo no nos damos cuenta de que estamos gastando nuestro dinero. Y en algunos casos, no sabemos cuánto estamos gastando con el tiempo. Compramos una camisa aquí, un par de pantalones allí, una bolsa de patatas fritas aquí y bebemos de nuestra cafetería favorita. Pasamos un poco a la vez, y nos olvidamos de cuánto equivale todo cuando terminamos. Conduce a un ciclo negativo donde estamos constantemente comiendo a través de cualquier dinero que podamos tener. También conduce a usar traer a casa una cantidad significativa de desorden que realmente no necesitamos. En muchos casos, las baratijas que estamos comprando y trayendo a casa no son cosas que realmente queríamos. En cambio, son compras impulsivas que hicimos que tenían la intención de ayudarnos a sentirnos mejor con algo en nuestra vida que tal vez nos sintamos infelices. El estrés, la ira, la tristeza y otras emociones pueden llevarnos a gastar dinero impulsivamente. Debemos aprender diferentes métodos de afrontamiento si vamos a ahorrar dinero y abstenernos de traer a casa cualquier basura extra e innecesaria.

Así que deja tu dinero a un lado y deja de gastar a partir de hoy. Seguirás así durante una semana. ¡No olvides completar tus tareas diarias de desafío para que puedas completar con éxito el día 23 de tu desafío!

Día 24

Hoy, vas a ser amable contigo mismo. Vas a pasar un día entero sin juzgarte a ti mismo o hablar duro contigo mismo. No se involucrará en ningún discurso negativo. En su lugar, vas a practicar trabajar en la auto-habla positiva y empezar a desarrollar una relación positiva contigo mismo.

Con el auge del consumismo ha llegado un aumento aún mayor de la duda y la autocrítica. Vemos vallas publicitarias y grandes campañas que nos muestran quiénes se supone que somos, y cuando nos damos cuenta de que no somos esa persona comenzamos a participar en la duda y la auto-habla negativa. Nos cuestionamos a nosotros mismos y a lo que debe estar mal con nosotros, y no somos amables con nosotros mismos. Puede ser extremadamente perjudicial para nuestro bienestar emocional, psicológico y a menudo indirectamente en nuestro bienestar físico. Es importante que aprendamos a amarnos como somos y a ser amables con nosotros mismos. Cuando aprendemos a ser así, podemos llevar una vida más pacífica y positiva.

Hoy, cada vez que te das cuenta de que eres duro o crítico contigo mismo, simplemente vas a cambiar tus pensamientos a "Amo, honro y respeto a mí mismo". No hay necesidad de castigarse o criticarse a sí mismo por la retroalimentación negativa, ya que esto iría en contra del propósito del desafío de hoy. Simplemente sea amable y directa suavemente de nuevo en la pista para sus tareas diarias.

En algún momento del día, asegúrate de completar tus cuatro tareas diarias de desafío. Pase 20 minutos relajándose, despeje una superficie, done un artículo y complete su entrada diaria en el diario.

Día 25

Cuando ya no tenemos que preocuparnos por invertir tiempo en adquirir y mantener nuestras posesiones físicas, liberamos una gran cantidad de tiempo para comenzar a disfrutar de nuestras vidas. Hoy, vas a empezar a disfrutar de ese tiempo libre. Vas a probar algo nuevo que nunca has hecho antes.

Probar algo nuevo puede ser algo pequeño y simple, o puede ser algo grande y extenso. Puedes hacer algo tan simple como probar una nueva bebida o tomar una nueva clase, o puedes probar algo increíble como paracaidismo o buceo. Sea lo que sea lo que decidas hacer, intenta que sea algo que siempre has querido probar, pero nunca sentiste que tenías tiempo para completar. O, si realmente no tienes tiempo hoy para completar esa cosa, programa un tiempo para hacerlo y reserva todas las citas necesarias que necesitas para completar esa tarea y hacer algo más pequeño para hoy.

Cuando probamos cosas nuevas Ejercemos nuestra libertad y nuestro derecho a ser lo que queremos ser, y el resultado puede es extremadamente liberador. Es importante que pruebes cosas nuevas de forma regular, ya que esto te permitirá evitar que te sientas mundano y atrapado en un mundo de rutina donde los días se funden entre sí y el tiempo parece poco importante e irrelevante.

Después de hacer probar algo nuevo, haz tus tareas diarias de desafío. Entonces, ¡ya terminaste el día 25 de tu desafío de 30 días!

Día 26

Hoy vas a hacer otra tarea que no tiene nada que ver con las pertenencias materiales. Vas a pasar un día entero sin quejarte. Por un período de 24 horas, usted no se va a quejar de nada en absoluto. Si estás pensando que no te quejas del tiempo, el tráfico, los inconvenientes, las personas o cualquier otra cosa de la que puedas sentirte obligado a quejarte. Simplemente apreciarás la vida cuando y donde pueda, y permanecerá tranquilo y en momentos en los que se sienta estresado, y como si quisiera quejarse de algo.

Cuando nos quejamos en voz alta, reforzamos los pensamientos negativos que tenemos en nuestras cabezas. Puede crear una terrible espiral descendente de pensamientos negativos frecuentes que llegan en situaciones similares, y antes de que lo sepamos, estamos atrapados en hábitos negativos que pueden contenernos y evitar que experimentemos verdadera alegría en la vida. Cuando aprendemos a abstenernos de experimentar externamente estos pensamientos y emociones negativas, aprendemos a tratarlos internamente en un método más positivo también. El resultado puede ser la liberación de pensamientos negativos y emociones negativas duraderas. Aprendemos a abrazar la vida, a ir con el flujo y a aceptar que no todo sucederá de la manera más conveniente posible. Es una de las mejores lecciones que puedes enseñarte a ti mismo.

Además de no quejarse de las 24 horas, debe completar sus tareas diarias de desafío. Pase 20 minutos relajándose, despeje una superficie, done un artículo y escriba su entrada diaria en el diario.

Día 27

Muchas personas acaparan libros, lo que puede convertirse en nosotros teniendo colecciones masivas de títulos que hemos leído, pero que probablemente nunca volverán a mirar. Los libros son valiosos, y el conocimiento que nos ofrecen es incomparable. Sin embargo, también ocupa mucho espacio y puede llegar a ser abrumador y difícil de almacenar con el tiempo. Hoy, usted se va a centrar en el estrechamiento de su colección de libros.

Hay varias maneras de mejorar tu colección de libros, pero primero, vas a empezar con lo que tienes a mano. Comienza revisando cada libro que tienes y poniendo los que nunca volverás a leer en una papelera de donación. Incluso si te encantó el libro, dona. No hay ningún beneficio en almacenarlo si nunca lo volverá a leer. Dona los libros inmediatamente después de que termines de sacarlos del estante. Luego, organiza lo que te queda.

Para abstenerse de construir otra colección masiva de libros, pruebe uno o ambos de estos métodos: comprar libros digitales, o pedir prestado de la biblioteca. Los libros digitales son una maravillosa oportunidad para poseer títulos sin tenerlos ocupando espacio en tu mundo físico. Puedes comprar cualquier título que quieras y tenerlo guardado en una biblioteca en línea donde simplemente puedes leer. Puedes leerlo en cualquier dispositivo digital que tengas que te permita descargar la aplicación de lectura adecuada para leer tus títulos. Tomar prestados libros de una biblioteca es otra gran opción. Algunas personas todavía prefieren leer un libro físico, lo cual está bien. Sin embargo, comprar libros simplemente para tener la capacidad de leerlos físicamente es bastante redundante, especialmente si nunca volverá a leer el libro. En su lugar, pida prestado de la biblioteca.

Una vez que haya terminado de organizar su colección de libros, puede completar sus tareas de desafío diario. ¡Entonces, terminaste por hoy!

Día 28

Hoy, vas a ordenar a través de sus artículos de tocador y eliminar pertenencias innecesarias. Es posible que te sorprendas al darte cuenta de lo mucho que has acaparado en tu baño, ya que tendemos a tener a mano todo tipo de artículos de tocador diferentes. Productos para el cabello, productos de baño, productos para la piel, maquillaje, medicamentos y otros artículos de tocador tienden a acumularse en nuestros baños. Si no tenemos cuidado, nuestros cajones y armarios pueden comenzar a desbordarse, y ya no tendremos espacio para todas nuestras pertenencias.

Comience por vaciar todo de su ducha, armarios, cajones, botiquín y mostradores y ponerlos en un contenedor. Luego, limpie todo a fondo. Asegúrate de que se eliminen los derrames, la suciedad o la acumulación antes de empezar a volver a armar el baño. A continuación, tenga una bolsa de basura a mano. Revisa cada elemento de la bandeja. Cualquier cosa que no uses o quieras debe ser desechada. Cualquier cosa que usted está guardando debe ser almacenada en su respectivo hogar para que usted pueda acceder fácilmente cuando lo necesite. Si encuentras que tienes demasiadas pertenencias o todavía no se ve organizado cuando terminas, considera conseguir organizadores de cajones y caddies para los armarios para ayudarte a mantener todo organizado y en su lugar designado.

Cuando haya terminado, complete sus tareas diarias de desafío.

Día 29

Hoy, vas a limpiar tu billetera y, si tienes una, tu bolso. A menudo almacenamos muchas cosas en nuestras carteras y bolsos que no necesitamos llevar con nosotros. El principal culpable son las cartas innecesarias. Las tarjetas de club, las tarjetas de puntos e incluso las llaves del hotel o las tarjetas de regalo pueden ocupar una gran cantidad de espacio en nuestras carteras. En los bolsos, todo tipo de cosas pueden acumularse. Es hora de ordenarlos y organizarlos por completo.

Tómese el tiempo para ir a través de todas sus tarjetas y todo lo demás dentro de su cartera y bolso y organizarlo correctamente. Tira las cosas, coloca los artículos donde pertenecen y haz un inventario de lo que tienes. Si tiene tarjetas de regalo sin usar o tarjetas de crédito de la tienda, tómelo como una oportunidad para usarlas o venderlas. No hay necesidad de llevar los alrededores si usted nunca va a utilizarlos realmente.

Una vez que haya terminado, complete sus tareas diarias de desafío. Escribe en tu diario, tómate 20 minutos para relajarte, borrar una superficie y donar un artículo.

Día 30

Para el último día de su desafío, usted va a limpiar su coche. Nuestros coches tienden a convertirse en una instalación de almacenamiento móvil que lleva todo lo que olvidamos traer dentro o tirar. Es hora de conseguir un sistema adecuado en su lugar para que pueda tener su coche estar limpio y organizado para cuando usted está dentro de él.

Comience por llevar una bolsa de basura y un contenedor en su coche. Tira todo lo que hay de basura y tira todo lo demás en la papelera. Cuando haya terminado, alimente el coche y lave las alfombras del suelo. Reemplace sus ambientadores perfumados y cualquier otra cosa en su automóvil que le ayude a mantenerlo sintiéndose y oliendo limpio. Si tienes niños en el auto o tiendes a llevar mucho por negocios, considera invertir en organizadores o contenedores sobre el asiento para tu baúl que te ayudarán a mantener todo organizado correctamente. Luego, reemplace cualquier cosa que necesite estar en su auto de vuelta a su hogar apropiado. Todo lo demás debe ser llevado dentro y organizado en su lugar respectivo dentro de su casa.

Usted debe limpiar su coche de forma regular para evitar que se acumulen con basura y basura que no necesita llevar consigo todos los días.

Cuando haya terminado, complete sus tareas diarias de limpiar una superficie, relajarse durante 20 minutos, donar un artículo y hacer su entrada diaria en el diario. Dado que es el último día de su desafío, también debe seguir adelante y llevar su bandeja de donación al centro de entrega de donaciones.

www.ingramcontent.com/pod-product-compliance
Lightning Source LLC
Chambersburg PA
CBHW052115070526
44584CB00017B/2495